99 IDEEN für Glück von innen

arsEdition

Dein Leben ist ein Geschenk

Du möchtest mehr Glück und Zufriedenheit spüren, dich in aufrichtiger Dankbarkeit üben, negative Glaubenssätze auflösen und eine positive Einstellung zu dir, deinen Mitmenschen und deinem Leben entwickeln? Wunderbar! Denn alles beginnt bei dir: Wenn du anfängst, Verantwortung für dich zu übernehmen und gut für dich zu sorgen, dann übernimmst du auch Verantwortung für dein Glück.

Dieses Buch steckt voller Ideen für mehr Glücksmomente, voller positiver Affirmationen, Impulse und Inspirationen für mehr Selbstliebe, Achtsamkeit, Zufriedenheit und Dankbarkeit. 99 Ideen, die dir helfen können, den Blick auf die schönen Dinge zu lenken und ihnen größere Aufmerksamkeit zu schenken. Du hast schon alles, was du brauchst, um glücklich zu sein – denn: Glück kommt von innen.

1

Erkenne das Wunderbare in dir und pass gut darauf auf

Du bist wertvoll! Warum? Einfach nur, weil du *du* bist. Versuche, dir deine Einzigartigkeit und deinen Wert als Mensch immer wieder bewusst zu machen. Schreibe dir »Ich bin wertvoll« auf einen Zettel und hänge dir diesen sichtbar auf oder wiederhole den Satz mantraartig. Denn wenn du deinen Wert kennst, kann dir niemand das Gefühl geben, wertlos zu sein.

2

Betrachte dich liebevoll

Auch wenn es dir schwerfällt: Versuche, auch für deine kleinen und großen Fehler, vermeintlichen Makel oder offensichtlichen Schwächen dankbar zu sein. Warum? Sie machen dich nicht nur liebenswert, sondern lassen deine Stärken umso heller strahlen.

3

Finde dein Warum ...

... damit du zufriedener auf dein Leben blicken kannst. Wenn du dein Leben einer Herzenssache widmest, bekommt alles, was du tust, eine besondere Bedeutung. Entweder bringt dich dein Handeln deinem »Warum« im Leben ein wenig näher oder nicht. Aber immer, wenn du an dir oder deinen Entscheidungen zweifelst, kannst du dir dein »Warum« in Erinnerung rufen. Vielleicht hilft dir das in solchen Momenten, zufriedener auf dein Leben zu blicken.

4

Energy flows, where attention goes

Lerne, deine Energie
sinnvoll zu nutzen und für
dich einzusetzen, um mit mehr
Leichtigkeit durchs Leben zu gehen.
Wirf einen Blick über den Tellerrand:
Vielleicht bringt dich die Chakren-Lehre
auf neue Gedanken und schenkt dir
mehr Power und Lebensfreude.

5

Karma hat kein Verfallsdatum

Glaubst du an Karma?
Wenn nicht, solltest du damit anfangen.
Dieser Glaube macht nicht nur deine eigene kleine Welt ein wenig besser, sondern bewirkt auch im großen Ganzen eine Veränderung.
Denn wer ein bisschen Glück und Liebe in die Welt streut, bekommt all das auch wieder zurück.
Probiere es doch mal aus!

DER ZAUBERSTAB IST MIR GEGEBEN.
ICH MUSS IHN NUR
ZU GEBRAUCHEN WISSEN.

LEO N. TOLSTOI

6

Herz über Kopf

Hör öfter mal auf dein Herz
statt auf deinen Kopf ...

7

... und sag auch,
was du fühlst!

8

Weniger ist manchmal mehr

Es verursacht Stress, wenn man immer versucht,
zu viel auf einmal zu erledigen, und es macht
unzufrieden, weil man es meist nicht hinbekommt.
Darum schenke allem, was du tust,
deine volle Konzentration und Hingabe.

MAN VERLIERT DIE MEISTE ZEIT DAMIT,
DASS MAN ZEIT GEWINNEN WILL.

JOHN STEINBECK

9

Lebe authentisch

Denke nicht so viel darüber nach, was andere über dich denken oder sagen. Sorge lieber dafür, dass du eine gute Meinung von dir haben kannst. Denn nur deine Meinung über dich selbst ist von Bedeutung.

10

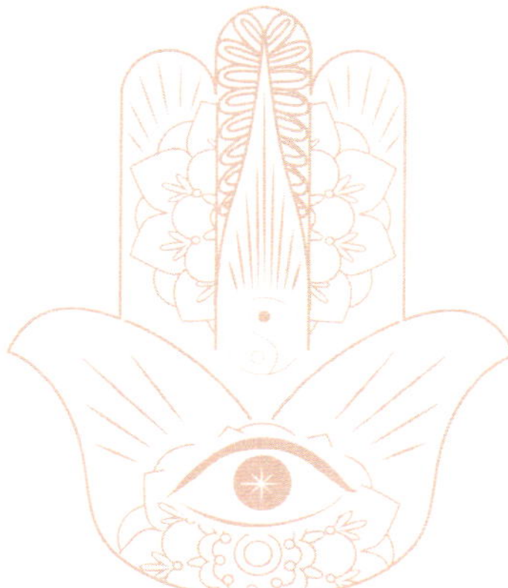

Trau dich, mal auszubrechen

Routinen geben uns im Alltag Orientierung und sind nützlich, um über einfache Dinge nicht immer wieder aktiv nachdenken zu müssen. Trotzdem solltest du hin und wieder mal etwas anders machen als sonst. Denn kleine Abwechslungen lassen dich deinen Tag viel bewusster erleben und schenken dir unerwartete Glücksmomente.

11

Liebe, was du hast, aus vollem Herzen

Wenn du dankbar auf dich und dein Leben blickst, kostet dich das nichts. Aber wenn du das Gefühl von Dankbarkeit wirklich zulässt, dann kann das alles verändern.

12

Bleibe bei dir

Es kann manchmal energieraubend sein, für andere da zu sein oder sich ihre Sorgen anzuhören. Mitgefühl und Unterstützung sind gut, solange es dir dabei gut geht. Pass auf, dass dir die Lebensumstände deiner Mitmenschen nicht zu nahe gehen oder du dich zu sehr aufopferst. Finde die richtige Balance zwischen Fürsorge und Abgrenzung – so übernimmst du Verantwortung für dich und deine Zufriedenheit.

13

Be proud

Du kannst Selbstzweifel aktiv bekämpfen, indem du sie mit dem kraftvollen Mantra »Ich bin stolz auf mich« bewusst wegatmest. Halte dir vor Augen, was du schon alles erreicht hast, und lerne, das Gefühl von Stolz in dir (weiter)wachsen zu lassen.
So wirst du selbstbewusster und blickst zufriedener auf dein Leben.

14

Freu dich mit

Bestimmt kennst du das Gefühl von Neid und bestimmt weißt du auch, dass es deinem inneren Glück im Weg steht. Höre auf, dich abzuwerten, indem du neidvoll auf andere blickst. Versuche lieber einmal, diese negative Emotion in eine positive zu verwandeln: in das Gefühl von Freude – Freude über das Glück eines anderen Menschen.

UND JETZT, WO DU NICHT MEHR PERFEKT SEIN MUSST, KANNST DU GUT SEIN.

JOHN STEINBECK

15

Leave a little love wherever you go

Es reicht nicht aus, Liebe zu fühlen –
wir müssen sie auch mitteilen.
Hab keine Angst davor,
öfter mal dein Herz sprechen
zu lassen.

16

Danke, das hast du gut gemacht!

Ist dir eigentlich bewusst, was dein Kopf den ganzen Tag geleistet hat, auch wenn du am Abend das Gefühl hast, wieder mal nichts geschafft zu haben? Statt dich schlecht zu fühlen, solltest du dich fantastisch fühlen! Erkenne an, welche wunderbaren Dinge dein Kopf jeden Tag vollbringt!

17

Vergleiche dich weniger

Ein Kaktus ist keine Rose und er würde sich darum auch nie mit einer Rose vergleichen. Für jede bedeutet Wachstum und Schönheit etwas anderes, jede ist einzigartig. Erlaube dir also zu wachsen und in deiner ganz eigenen Schönheit zu erblühen.

18

Alles ist gut so, wie es ist

Probiere mal, deine Perspektive auf das Leben zu verändern: Schließe die Augen, nimm ein paar bewusste Atemzüge und öffne dein Herz für das Gefühl von Dankbarkeit. Versuche nun, für die Fehler, die du schon gemacht hast, dankbar zu sein. Sie haben dich lernen und weitermachen lassen. So bist du besser geworden und zu dem Menschen, der du heute bist.

19

Start listening

Dein Körper spricht mit dir und sagt dir, was ihm Freude bringt oder ihn unglücklich macht. Versuche, öfter mal in dich hineinzufühlen: Hast du vielleicht gerade Hunger oder Durst? Hast du noch genug Power oder brauchst du eine kleine Pause? Hör auf deinen Körper, wenn er dir sagt, dass er müde und angespannt ist oder Schmerzen hat.

20

Übe dich im Loslassen

Es schenkt dir und deinem Herz so viel mehr Freude als der ständige Blick in den Rückspiegel und das Festhalten an Dingen, Momenten oder Menschen, die dir nicht länger guttun. Mit Vorbeugen aus dem Yoga kannst du nicht nur körperlich loslassen – sie helfen dir auch dabei, emotional loszulassen, um wieder freier atmen zu können.

WENN DU ETWAS LOSLÄSST,
BIST DU ETWAS GLÜCKLICHER.
WENN DU VIEL LOSLÄSST,
BIST DU VIEL GLÜCKLICHER.
WENN DU GANZ LOSLÄSST,
BIST DU FREI.

AJAHN CHAH

21

Lass deine Gedanken ziehen

Wenn dir viel im Kopf herumgeht, pack deine Gedanken in kleine Wolken. Beobachte, wie sie kommen und gehen – ohne sie zu bewerten oder ihnen viel Aufmerksamkeit zu schenken.

22

Jeder Tag ist ein neuer Anfang

Übe dich im Verzeihen – das Loslassen vergangener Konflikte kann dir viel Glück schenken.

23

Verzeihe dir selbst

Du kannst die Vergangenheit nicht ändern, aber: deine Gegenwart und deine Zukunft! Dazu solltest du dich mit deiner Vergangenheit aussöhnen und den Blick nach vorne richten. Die Hawaiianer haben hierfür ein wunderschönes Ritual: »Ho'oponopono«. Man schließt die Augen, entschuldigt sich aufrichtig bei sich selbst oder in Gedanken bei einem anderen lieben Menschen, bittet um Verzeihung, äußert seine Liebe und bedankt sich anschließend. Schenke deinem Vergangenheits-Ich mit diesem Ritual eine Portion Wertschätzung, lass Altes los und blicke in eine strahlende Zukunft.

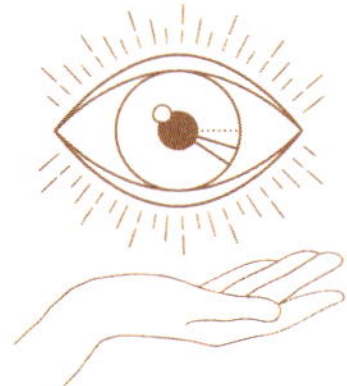

24

Woran glaubst du?

Es kann Sinn machen, sich hin und wieder mit der eigenen »inneren Wahrheit«, die das Denken, Fühlen und Handeln prägt, auseinanderzusetzen. Überprüfe deine Glaubenssätze: Dienen sie dir (noch) oder stehen sie deinem inneren Strahlen im Weg?

25

Schenke dir Liebe

Wie lautet dein persönliches Mantra für mehr Selbstliebe?
Vielleicht »Ich bin genug« oder »Ich bin liebenswert«?
Wichtig ist nur, dass es von Herzen kommt und zu dir passt.
Selbstliebe ist so wichtig für dein erfülltes Leben.
Denn nur, wenn du dich selbst aufrichtig liebst,
kannst du die Liebe anderer annehmen
und auch selbst Liebe schenken.

26

Schau dich liebevoll in der Welt um

Alles im Leben ist eine Frage des Gleichgewichts: Manchmal tut eine Ich-Zeit gut, manchmal tut es gut, für andere da zu sein. Vergiss nicht, dass Freude schenken auch dir selbst Freude schenkt.

27

Liebe deinen Körper

Hast du schon mal darüber nachgedacht,
wie viel Kraft es deinen Körper jeden Tag kostet,
dich am Leben, Lieben und Lachen zu halten?
Statt dich in negativen Gedanken zu verlieren,
solltest du deinen Körper freudig annehmen
und dich öfter mal bei ihm bedanken.

DEIN MANTRA FÜR EIN
POSITIVES KÖRPERGEFÜHL:
»ICH LIEBE MEINEN KÖRPER UND
ALLES, WAS ER FÜR MICH TUT.«

28

Einatmen. Ausatmen. Lächeln.

Lass dir Zeit zum Leben und gönn dir im Alltag immer wieder kleine Atempausen. So kannst du mit einem Lächeln durch den Tag gehen.

29

Deine Gedanken verändern deine Welt

Weißt du eigentlich, wie mächtig du bist?
Glück hängt von vielen Dingen ab – besonders aber von den eigenen Gedanken. Du kannst dich immer über dieselben Dinge ärgern oder du entscheidest dich dafür, deinen negativen Gedanken nicht allzu viel Raum zu geben und lächelnd aufs Leben zu schauen. Beschäftige dich in deinem Inneren mit schönen Gedanken, damit auch im Außen schönen Dinge passieren.

30

Lass dich vom Leben verzaubern!

Fallen dir drei Dinge ein,
für die du jetzt gerade dankbar bist?

31

Lerne, dir selbst genug zu sein

Die Sonne ist auch allein und trotzdem strahlt sie.
Warum solltest du nicht auch vor Freude strahlen?
Es gibt sicher viele wunderbare Menschen,
die dich durchs Leben begleiten – aber einige
von ihnen gehen nicht den ganzen Weg mit dir.
Es gibt nur einen Menschen, der dich immer begleiten
wird, und das bist du. Schließe Frieden mit diesem
Menschen und sei gut zu ihm – er hat es verdient.

FÜHLE DICH NICHT EINSAM.
DAS GESAMTE UNIVERSUM
BEFINDET SICH IN DIR.

RUMI

32

Sei die beste Version von dir selbst

Wenn du dir heute selbst begegnen würdest, würdest du dich mögen?

33

Schenke dir Aufmerksamkeit

Fange hier und jetzt damit an, dir jeden Tag einen Moment für dich zu schenken. Denn: Deine Bedürfnisse sind wichtig.

34

Suche dein Glück auf der Matte

Das Wunderbare an Yoga ist, dass du ganz aktiv zur Ruhe kommst. Die bewusste Atmung beruhigt deinen Geist, während die Asanas deinen Körper fordern und dein inneres Lächeln wecken. So findest du zurück in deine ursprüngliche Harmonie von Körper, Geist und Seele.

35

Von jedem Menschen darfst du etwas lernen

Mit Dankbarkeit kannst du deine Perspektive auf das Leben verändern – probiere es aus. Schließe die Augen, nimm ein paar tiefe, bewusste Atemzüge und öffne dein Herz für das Gefühl von Dankbarkeit. Versuche, dankbar für all die Menschen zu sein, denen du bisher begegnet bist. Manche haben dich geliebt und unterstützt, andere haben dich vielleicht herausgefordert – aber alle Menschen auf deinem Weg haben dich wachsen lassen und dich zu der Person gemacht, die du heute bist. Alles ist gut so, wie es ist.

36

Das Glück hat seine Phasen – wie der Mond

Es ist in Ordnung, wenn du nicht jeden Tag glücklich bist oder tiefe Dankbarkeit und Zufriedenheit empfindest. Dunkle Phasen gehören zum Leben dazu und lassen glückliche Stunden noch heller strahlen.

ACH,
NUR IM DUNKELN
FUNKELN DIE STERNE!

PAUL SCHEERBART

37

Erinnere dich: Das Leben ist schön!

Schaffe dir eine kleine Gedankenstütze: Schreibe auf eine Karte »Das Leben ist ein Geschenk« und hänge sie dir sichtbar auf.

38

Wachstum braucht Veränderung

Oftmals haben wir Angst vor Veränderungen, weil sie uns herausfordern. Sie stellen unsere Fähigkeiten auf die Probe und zwingen uns, unsere Gewohnheiten zu hinterfragen oder anzupassen. Aber betrachte es doch mal positiv: Veränderungen bieten uns die Chance, uns zu beweisen.

MAN KANN IN VERÄNDERUNG
NUR DANN SINN FINDEN,
WENN MAN IN DIESE EINTAUCHT,
MIT IHR MITGEHT UND SICH
DEM TANZ ANSCHLIESST.

ALAN WATTS

39

»Nein« ist ein ganzer Satz

Du darfst lernen, dass dein Nein ganz für sich allein steht und nicht von dir erklärt oder entschuldigt werden muss. Ein klares Nein kann deinem inneren Glück manchmal auf die Sprünge helfen.

40

Choose happiness

Du bist ein Magnet für
Wunder, Liebe und Glück –
du musst nur fest daran glauben.

41

Halte dein Glück fest

Überlege dir jeden Abend mindestens eine Sache, die dich glücklich gemacht hat, und schreibe sie auf. Sammle deine schönen Erinnerungen in einem Glücksmomente-Glas oder einem Tagebuch – so hast du jederzeit ein paar glückliche Gedanken parat.

BE IN LOVE
WITH YOUR LIFE.
EVERY MINUTE
OF IT.

42

Das Leben ist so bunt, wie du es finden möchtest!

Freue dich über die kleinen Unterschiede zwischen den Menschen – sie machen die Vielfalt und Buntheit in der Welt aus.

43

Wähle deine Worte achtsam aus

Unsere Sprache beeinflusst unsere Gefühle – achte darum auf einen möglichst positiven Wortschatz. Ganz besonders dann, wenn du mit dir selbst oder über dich sprichst. So wirst du mit der Zeit auch liebevoller über dich denken und deinem inneren Glück noch ein Stückchen näherkommen.

44

Probiere eine Dankbarkeits-meditation

Suche dir einen ruhigen Ort, schließe die Augen und lege die Hände auf dein Herz. Überlege dir, wofür du gerade dankbar bist, und geh mit dem Mantra »Ich bin dankbar« in die bewusste Atmung. Dein Leben steckt voller schöner Dinge, Worte, Menschen – lerne so, diesen Reichtum bewusst wertzuschätzen.

45

Lächle dich glücklich

Ob ein kleines Schmunzeln oder herzhaftes Lachen:
Es hebt deine Stimmung automatisch und macht nicht nur dich glücklicher, sondern auch die Menschen in deiner Nähe.

46

Es ist, wie es ist.

Wenn du dich über etwas ärgerst,
das du nicht ändern kannst,
rufe dir diesen Satz in Erinnerung.
Wiederhole ihn mantraartig oder sprich ihn
für dich laut aus und nimm das Gefühl
von Ärger oder Frust wertschätzend wahr,
ohne es verändern zu wollen.
Alles ist gut so, wie du es fühlst.
Manche Dinge kann man nicht ändern –
aber man kann seine Einstellung ändern
und akzeptieren lernen.
Das schont deine wertvollen Kräfte
und schenkt dir ein bisschen
mehr Zufriedenheit.

47

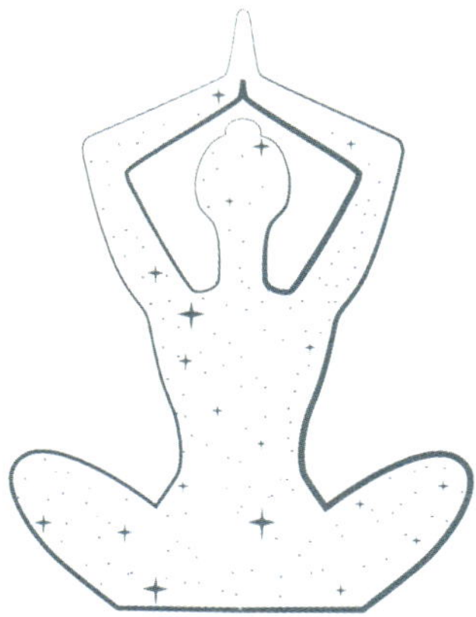

»Namaste« up your life

Dieser respektvolle Gruß aus dem heiligen Sanskrit bedeutet etwa »Ich verneige mich vor dir«. Man legt die Handflächen vor dem Herzen in »Anjali Mudra« aneinander, schließt die Augen und deutet eine leichte Verbeugung an. Mit dieser schönen Geste, die von Herzen kommt, bringt man Dankbarkeit, Demut und Liebe für sich und sein Gegenüber zum Ausdruck.

48

Sammle Sonnenstrahlen, keine Dinge!

DU WIRST NICHT GLÜCKLICHER SEIN, WENN DU ALLES BESITZT, WAS DU DIR IMMER ERTRÄUMT HAST. GLÜCKLICH BIST DU ERST DANN, WENN DU DEINEN REICHTUM AUCH ZU SCHÄTZEN WEISST.

UNBEKANNT

49

Jeder Moment ist vergänglich …

… aber die Vergänglichkeit macht ihn so wertvoll!
Mach dir bewusst, dass jeder Moment in deinem
Leben etwas ganz besonders Kostbares ist –
weil er so nie wiederkommen wird.
Lebe jetzt und hier und versuche jeden Abend,
mindestens einen Moment deines Tages zu finden,
den du voller Dankbarkeit wertschätzen kannst.

50

Ein Stück Gartenglück

Wer im Garten arbeitet, lebt ganz im Moment. Man atmet frische Luft, betätigt sich körperlich und kümmert sich um andere Lebewesen. Eine erfüllende Aufgabe – probiere es aus!

51

Schenke dir leise Momente

Manchmal sind es die kleinen, unscheinbaren Dinge oder die leisen Momente im Leben, die uns am meisten geben. Nimm dir heute ganz bewusst ein wenig Zeit für dich allein. Zieh dich vom Trubel der Welt zurück und lausche der Stille um dich herum und du wirst merken: Die Stille ist nicht leer. Die Stille hält Antworten für dich bereit.

52

Portionsweise Glück

Süßes streichelt bekanntlich die Seele – ein nettes Wort tut das auch. Warum kombinierst du nicht beides und backst eigene Glückskekse, mit positiven Botschaften, bestärkenden Worten und Komplimenten darin? Back dir dein Stück vom Glück! Mit diesen Keksen kannst du dir selbst immer wieder eine kleine Freude machen, weil du nicht weißt, was dich erwartet, und du kannst auch eine Portion Glück an liebe Menschen verschenken.

53

Feiere deine Individualität

Du darfst dein Leben so leben, wie du es möchtest, und du darfst so sein, wie du bist. Du musst nicht irgendwas anderes sein. Nur du selbst. Denn am schönsten bist du, wenn du niemandem gefallen möchtest.

JE MEHR DU DEIN LEBEN SCHÄTZT UND FEIERST, DESTO MEHR GIBT ES IN DEINEM LEBEN ZU FEIERN.

OPRAH WINFREY

54

WAS bringt dein Herz zum Tanzen?

Versuche, mehr Zeit mit Dingen zu verbringen, die dir Freude bereiten.

55

WER bringt dein Herz zum Tanzen?

Wähle die Menschen, mit denen du dich umgibst und denen du deine Zeit schenkst, bewusst aus.

56

Das Glück der Veränderung

Ob im Äußeren oder im Inneren, im Kleinen oder im Großen – manchmal kann ein bisschen frischer Wind im Leben ein bisschen zufriedener machen.

57

Schau dich um in der Welt

Wer aufrecht und mit einem aufmerksamen Blick durch die Welt geht, der kann nicht nur wunderbare Dinge um sich herum entdecken – es hebt auch die Laune und schenkt mehr Selbstbewusstsein.

MAN MUSS SCHON
DEN KOPF HEBEN,
UM DIE SONNE
SEHEN ZU KÖNNEN.

58

Du bist stärker, als du denkst

Es gibt Situationen, die dich vielleicht unruhig machen, stressen oder sogar ängstigen. Das ist nicht schlimm, denn du selbst trägst die Waffe gegen diese Gefühle in dir! Schaffe dir einen Gedankenanker – eine schöne Erinnerung oder Vorstellung, die dir Kraft schenkt. Wann immer du deinen Gedankenanker brauchst, greifst du darauf zurück.

59

Du bist genug

Sage immer mal wieder folgende Sätze laut auf,
damit du sie verinnerlichst:

Ich tue genug.
Ich kann genug.
Ich habe genug.
Ich bin genug.

60

Entdecke die Achtsamkeit

Ein bewusstes Leben und Erleben
schenkt dir unglaublich viel Glück.

WENN DIE ACHTSAMKEIT
ETWAS SCHÖNES BERÜHRT,
OFFENBART SIE
DESSEN SCHÖNHEIT.
WENN SIE ETWAS
SCHMERZVOLLES BERÜHRT,
WANDELT SIE ES UM
UND HEILT ES.

THICH NHAT HANH

61

Sieh noch mal ganz genau hin

Statt nur auf die Dinge zu achten,
die dir zu deinem Glück fehlen,
schenke den Dingen deine Aufmerksamkeit,
die du schon hast. Und plötzlich merkst du vielleicht,
dass alles, was du zum Glücklichsein brauchst,
schon da ist.

WENN DU ERKENNST,
DASS ES DIR AN NICHTS FEHLT,
GEHÖRT DIR DIE GANZE WELT.

LAOTSE

62

Glück kommt von innen

Weißt du, wie du ganz schnell
ganz glücklich werden kannst?
Schließe deine Augen, entspanne dein Gesicht
und glätte deine Stirn. Jeder Atemzug
lässt dich ruhiger werden und hilft dir,
dich ganz auf dich zu konzentrieren.
Stell dir dann vor, wie aus deinem Inneren
heraus ein Lächeln entsteht, das sich warm
und wohlig anfühlt und deinen ganzen
Körper mit dieser Wärme ausfüllt.
Mit ein bisschen Übung kannst du
dein inneres Lächeln jederzeit aktivieren.

63

Mut zur Langsamkeit

Dein Alltag ist geprägt
von Leistungsgedanken?
Aber wo bleibt Raum für dich
und deine Tagträume?
Trau dich, dir solche Pausen
zu nehmen – kleine Momente,
in denen du nichts tun musst
und einfach nur sein darfst.

64

Öffne dein Herz für Neues

Begegne neuen Impulsen, Menschen, Herausforderungen und Veränderungen mit offenen Augen und einem offenen Herzen. So kannst du dem Wandel, der das Leben ausmacht und auch spannend macht, positiv begegnen. Und außerdem bist du ganz achtsam, wenn du neue Dinge tust, siehst oder erfährst.

65

Bring mehr »OM« in dein Leben

Kennst du diesen wunderbaren Klang, der in jeder Yogastunde gesungen wird, um innere Ruhe und Zufriedenheit wiederherzustellen? Dieses heilige Mantra steht für das universelle Ganze, für das Göttliche und bewirkt beim Singen eine harmonische Schwingung, die du in deinem ganzen Körper spüren kannst und die dir ein Lächeln ins Gesicht zaubert. Probiere es aus!

66

Probiere
Soul Food

Soul Food schenkt dir etwas und nährt dich gut: Ein scharfes Curry schenkt dir Wärme von innen, ein deftiger Eintopf Kindheitserinnerungen, Nüsse Energie und Schokolade schenkt dir Glück von innen. Du bist, was du isst! Wenn du das verstanden hast, dann weißt du genau, wie du dir mit dem richtigen Essen kleine Glücksmomente schenken kannst.

67

Geh Konflikten nicht aus dem Weg

Es kann sehr belastend sein, wenn Dinge unausgesprochen bleiben und man Streitgespräche vermeidet, weil man sie fürchtet. Mach deinem Ärger ruhig auch mal Luft! Formuliere deine Gedanken und Gefühle als Ich-Botschaft und nicht als Vorwurf – so kannst du achtsam streiten lernen. Wenn dir etwas am Herzen liegt, kämpfe für die Sache. Auch das Kämpfen kann dir Glück schenken, weil du nicht das Gefühl hast, einfach aufgegeben zu haben.

68

Erlaube dir, um Hilfe zu bitten

Niemand kann und niemand muss alles allein schaffen.

69

Erlaube dir, zu lernen

Du musst nicht alles wissen oder können. Hab ein offenes Herz für deine Mitmenschen und die Dinge, die du von ihnen lernen kannst.

70

Entdecke deine grüne Seite

Mal wieder frische Luft atmen, ganz achtsam den Vögeln lauschen, freudig in die Sonne blinzeln, den Wind im Gesicht und das Gras unter den Füßen spüren. Nur ein kleiner Spaziergang am Tag reicht aus, um die Seele mal ordentlich durchzupusten.

71

Schön, dass du da bist!

»Wie schön, dass du da bist – du gehörst dazu,
die Welt wäre ohne dich ein ganz anderer Ort!«
Du darfst lernen, freundliche Worte und Komplimente,
die man dir macht, dankbar anzunehmen.

72

»Schön, dass es dich gibt!«

Wenn du mal darüber nachdenkst:
Für welchen Menschen in deinem Leben bist du dankbar?
Welcher Mensch macht dich so richtig glücklich?
Glück kommt eben manchmal auch von außen –
durch die Menschen, mit denen wir uns umgeben.

73

Sortiere dich glücklich

Es kann sehr zufrieden machen, sich voller Hingabe dem Ausmisten, Ordnen und Sortieren zu widmen. Nimm dabei jedes Teil achtsam in die Hand und überlege dir, ob es dir noch Freude bringt. Was dich nicht mehr glücklich macht, darfst du aussortieren – vielleicht schenkt es anderen Menschen Freude.

74

Entscheide dich achtsam

Triff all deine Entscheidungen ganz bewusst – bewusst aus dem Bauch heraus oder mit dem Verstand. So wird es dir leichter fallen, die Konsequenzen deines Handelns zu tragen. Also erst einmal kurz durchatmen, dann handeln.

TU, WAS DU WILLST,
ABER NICHT, WEIL DU MUSST.

BUDDHA

75

Nutzt du die Macht der Rituale?

Mit schönen Morgenroutinen wie einem ausführlichen Frühstück, einer Runde Bewegung oder einer warmen Dusche startest du energievoll und zufriedener in den Tag. Das Beste daran ist, dass du so die Dynamik deines ganzen Tages positiv verändern kannst, weil du nicht schon morgens Stress verspürst, sondern dir erst einmal Zeit für etwas Schönes nimmst.

NUR DER TAG BRICHT AN,
FÜR DEN WIR WACH SIND.

HENRY DAVID THOREAU

76

Fühlst du Glück in deinem Zuhause?

Unser Zuhause
ist ein besonderer Ort.
Hier können wir uns zurückziehen,
neue Kraft tanken, lachen und
lieben und so sein, wie wir sind.
Darum mach es dir so schön
wie möglich und richte dir
deine Umgebung so ein,
dass du dich dort
wohlfühlen kannst.

77

Übe dich in Verständnis

Versuche, die Perspektive deines Gegenübers einzunehmen. Was beschäftigt sie oder ihn vielleicht gerade? Welche Bedürfnisse hat er oder sie? So übst du dich in Verständnis für deine Mitmenschen und schenkst ihnen und dir ein bisschen mehr Zufriedenheit.

BETRACHTE EINMAL DIE DINGE
VON EINER ANDEREN SEITE,
ALS DU SIE BISHER SAHST,
DENN DAS HEISST,
EIN NEUES LEBEN BEGINNEN.

MARC AUREL

78

Blicke dankbar zurück …

… und freudig nach vorne!
Mit Dankbarkeit lenkst du deinen Fokus auf das, was du schon geschafft hast, und das hilft dir, zuversichtlicher zu werden. Indem du voller freudiger Erwartung in die Zukunft schaust, verwandelst du deine Angst vor dem, was noch vor dir liegt, in Vorfreude.

79

Stärke deine Stärken

Statt deinen Fokus immer wieder nur auf deine Schwächen und das, was du nicht kannst, zu lenken, schenke deinen Stärken mehr Aufmerksamkeit. Überlege dir einmal, was nur du gut kannst, und setze deine »Superkräfte« dann auch ganz bewusst ein.

80

Magie
der Berührung

Körperliche Nähe macht bekanntlich glücklich,
denn durch das Kuschelhormon Oxytocin
werden Stresshormone in deinem Körper
ganz schnell wieder abgebaut.
Darum steigere dein Wohlbefinden
und umarme das Glück!

DAS EIGENE GLÜCK
IST MIT DEM DER ANDEREN
UNTRENNBAR VERBUNDEN.

DALAI LAMA

81

Freundschaft schenkt Glück

Einfach nur mit Freundinnen und Freunden zu sprechen,
gemeinsam zu lachen und Dinge zu unternehmen
lässt unsere Seele aufatmen und
unser Herz lächeln.

82

Inspirieren
macht glücklich

Verschenke Inspiration und Glück, indem du positive Dinge und das Gefühl von Dankbarkeit mit jemandem teilst. Suche dir einen lieben Menschen und bitte ihn oder sie, jeden Tag mindestens eine positive Sache mit dir zu teilen. So stärkt ihr eure Verbindung zueinander und arbeitet gemeinsam an einer optimistischen Weltanschauung.

83

Ein bisschen Freude am Unsinn

Als Kinder haben wir intuitiv Dinge nur aus Spaß gemacht. Sobald wir älter werden, scheinen wir diese wundervolle Fähigkeit zu verlieren. Erinnere dich und mach mal wieder etwas nur, weil es dir Spaß macht, und nicht, weil es sinnvoll ist oder erwartet wird oder gemacht werden muss.

84

Take some time off

Um wieder freier atmen und denken zu können, solltest du die Welt um dich herum hin und wieder mal auf Pause schalten und etwas Offline-Zeit verbringen.

85

Schlaf dich glücklich

Ideal wären sieben bis acht Stunden Schlaf pro Nacht – so kann dein Gehirn Eindrücke verarbeiten, Gelerntes vertiefen und neue Lösungen anstoßen. Versuche, dir diese nächtliche Ruhepause auch wirklich zu gönnen, damit dein Körper und dein Geist sich erholen können. Wenn du Probleme beim Einschlafen hast, kann dir vielleicht eine Atemmeditation helfen. Verzichte am späten Abend auf Sport, denn der macht dich wieder wach, genauso wie das blaue Licht vom Fernseher, Laptop oder Handy.

86

Glücklich durch Handarbeit

Wusstest du, dass Dinge wie Stricken, Häkeln, Basteln, Nähen oder Backen dir auch Glück schenken können? Deine Hände sind beschäftigt und deine Gedanken kommen durch das Ausführen der immer gleichen Tätigkeit zur Ruhe. So findest du achtsam ins Hier und Jetzt zurück und erschaffst außerdem etwas, auf das du stolz sein kannst.

87

Weißt du, wann es genug ist?

Respektiere deine Grenzen und übernimm Verantwortung für dein Wohlbefinden.

88

Nicht jeder Kampf lohnt sich

Du darfst lernen, dir deine Kräfte einzuteilen und zu unterscheiden, wann es sich lohnt zu kämpfen und wann nicht.

89

Lass dein Herz singen

Probiere chanten! Das Singen der einfachen Melodien und Chants, die wiederholt werden, hat eine meditative Wirkung. So kann sich dein Verstand erholen und außerdem ist Singen Ausdruck von purer Lebensfreude.

FINDE DAS SCHÖNE IN DEINEM HERZEN, AUF DASS DU ES IN JEDEM HERZEN ENTDECKST.

RUMI

90

Schreibe einen Liebesbrief …

… an dich selbst! Halte darin drei Eigenschaften fest, die du an dir zu schätzen weißt, und versuche, liebevolle und verständnisvolle Worte für dich zu finden. Wenn du mal einen schlechten Tag hast und mit Selbstzweifeln kämpfst, kannst du deinen Brief hervorholen und dich so daran erinnern, was für ein wundervoller Mensch du bist.

91

Lebe den Moment

Vielleicht fällt es dir schwer, nur den Augenblick zu genießen, ohne Gedanken an gestern oder Sorgen um die Zukunft. Verbringe Zeit mit einem Tier oder Kind – von ihnen kannst du lernen, den Moment zu leben und einfach nur glücklich zu sein.

SEI GLÜCKLICH FÜR DIESEN MOMENT.
DIESER MOMENT IST DEIN LEBEN.

OMAR CHAYYĀM

92

Träum mal drüber nach

Hast du dir schon mal Gedanken darüber gemacht, welche kleinen und großen Träume du im Leben hast, welche Ziele du noch verfolgen willst?
Nimm dir Zeit für deine Wünsche und visualisiere sie in einem Vision Board. So hast du deine Träume immer direkt vor Augen und bist motiviert, sie auch zu verwirklichen.

93

Balanciere
zurück ins Glück

Es gibt Tage, da fühlt man sich unsicher und wacklig auf den Beinen und dem Sturm des Lebens nicht gewachsen. Mit der Haltung des Baumes kannst du dein inneres Gleichgewicht wiederfinden, sie schenkt dir neues Selbstbewusstsein und Stärke. Beginne in der Haltung des Berges, Tadasana. Verlagere dein Gewicht auf das linke Bein, verwurzle dich gut und bringe mit deiner Hand deinen rechten Fuß an die Innenseite deines linken Oberschenkels. Nimm die Hände vor dem Brustbein zusammen oder strecke sie nach oben hin aus, wenn du dich sicher fühlst. Bleibe hier und atme, so lange du magst.

94

Einfach mal spüren

Nimm dir ein paar Minuten Zeit für einen Bodyscan. Lege dich dazu bequem auf den Rücken, schließe die Augen und wandere mit deiner Aufmerksamkeit durch deinen ganzen Körper – von den Zehenspitzen bis hinauf zu deinem Scheitel. Spüre überall ganz genau hin und versuche, nur wahrzunehmen, ohne zu bewerten. Das innere Abtasten stärkt deine Beziehung zu deinem Körper und verbessert deine Konzentrationsfähigkeit.

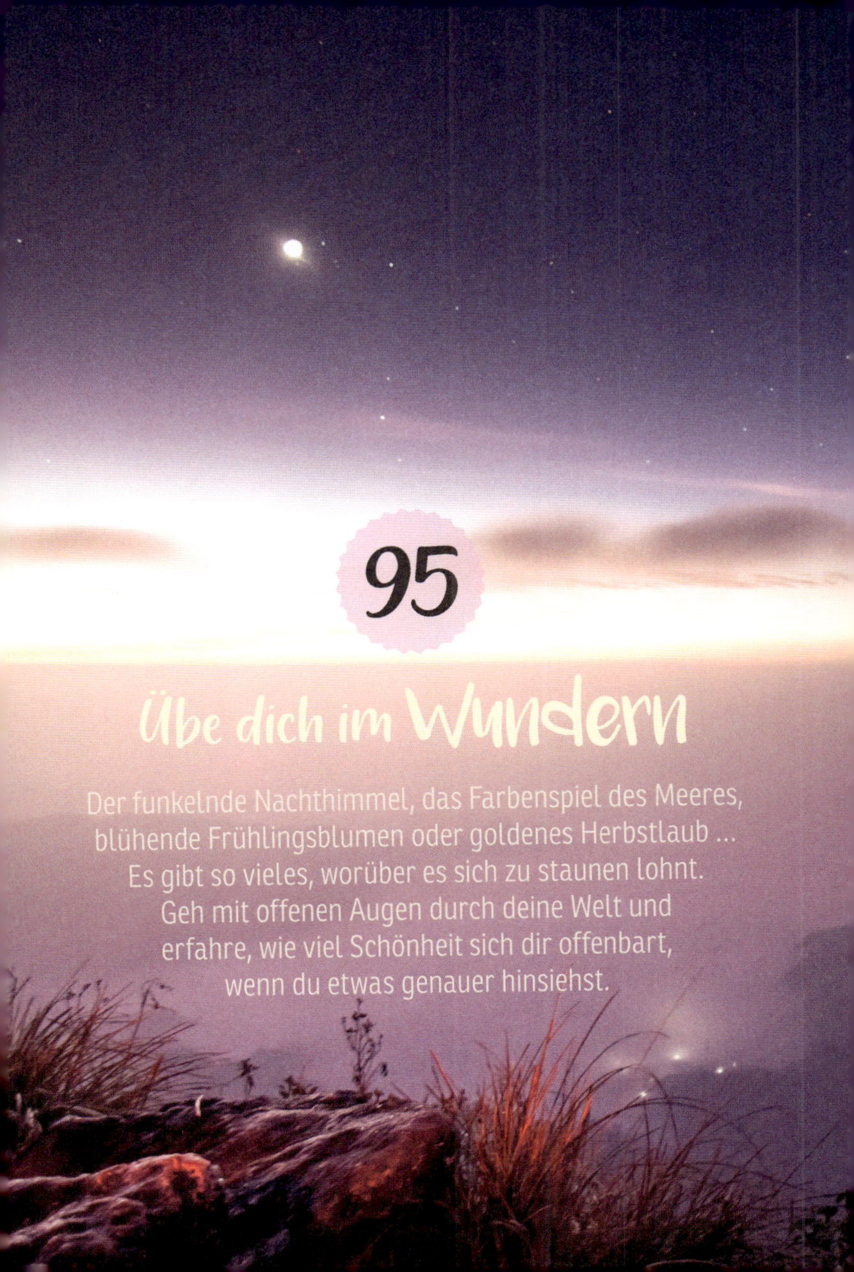

95

Übe dich im Wundern

Der funkelnde Nachthimmel, das Farbenspiel des Meeres,
blühende Frühlingsblumen oder goldenes Herbstlaub ...
Es gibt so vieles, worüber es sich zu staunen lohnt.
Geh mit offenen Augen durch deine Welt und
erfahre, wie viel Schönheit sich dir offenbart,
wenn du etwas genauer hinsiehst.

96

Wie fühlst du dich wirklich?

Versteckst du manchmal deine schlechte Laune oder ein schlechtes Gefühl wie Neid, Frust, Angst oder Traurigkeit hinter einem tapferen Lächeln? Zum achtsamen Umgang mit dir selbst gehört auch, dass du negative Gefühle empfinden und ausleben darfst. Statt sie zu unterdrücken oder wegzulächeln, spüre mal genauer hin. Was ist der Grund für dieses oder jenes Gefühl? Was würdest du in dem Moment brauchen, von dir oder vielleicht von deinem Gegenüber? Trau dich, deine ganze Gefühlspalette zu leben!

97

Alles hat ZWEI Seiten

Manchmal passieren bestimmte Dinge,
damit daraus etwas Neues
und Schönes entstehen kann.

WER WERDEN WILL,
WAS ER SEIN SOLLTE,
DER MUSS LASSEN,
WAS ER JETZT IST.

MEISTER ECKHART

98

Hab Vertrauen ins Leben

Alles tritt zur richtigen Zeit in dein Leben. Hab Geduld und vertrau darauf, dass das Leben für dich arbeitet. Halte Ausschau nach den Dingen, die dein Herz zum Tanzen und deine Augen zum Leuchten bringen. Und dann tu sie!